Thomas Jammers
Westwind
Reihe 1, Band 1

AF295005

Westwind
Ein Lyrikband

Von Thomas Jammers

Lektorat: Thomas Jammers
Verlag: BoD · Books on Demand GmbH, In de Tarpen 42, 22848 Norderstedt

Druck: Libri Plureos GmbH, Friedensallee 273, 22763 Hamburg

ISBN: 978-3-7597-6735-6

Westwind, ein Lyrikband mit essentiellen Gedichten des Lebens.

„Zeilen die das Leben schrieb"

Menschenleben

Wähnen, Glauben, Fürchten, Lieben
Mal was hoffen, nie betrüben
Mal was wagen, mal gewinnen
Mal was haben, mal verlieren
Auf der Bahn wie sie gegeben,
Dornig, Rosig, holprig, Eben
Manchmal von der Hoffnung leben
Traum mit Wirklichkeit verweben
Doch wo`s möglich, vorwärtsstreben
Das ist eben Menschenleben

Über das Leben:

„Das Leben bemisst sich nicht an der Länge unserer Jahre, sondern an der Tiefe der erlebten Momente."

Über die Zeit:

„ Zeit ist kein Besitz, sondern ein Geschenk, das wir in Erinnerungen verwandeln."

Über den Tod:

„Der Tod ist kein Abschied, sondern das leise Verwehen der Zeit, die sich in Unendlichkeit auflöst.

„Der Wert der Stille"

In lautem Treiben, vollem Klang, Vergessen wir Der
Stille Gang, und doch in Ihr liegt tief verborgen, Des
Lebens Sinn, die Kraft für morgen.
Wer still verweilt und ruhig schaut, dem wird ein tie-
fer Frieden traut. Denn aus der Stille wächst die
Klarheit die uns ins Dasein sanft geleitet.

„Die Ewigkeit"

Die Ewigkeit-wer kann sie fassen?
Ein Ozean, der stets sich dehnt.
Kein Anker, der uns ruhen lässt,
Kein Ufer, das den Lauf begrenzt.
Die Zeit scheint winzig, schwach und klein
Ein Flüstern nur im Weltenraum.
Doch ewig strahlt das Sternenheim,
Ein nie vergehender Traum.

„Das Leben“

Das Leben, es beginnt so zart.
Ein Keim, der in die Erde dringt.
Er wächst empor, doch nicht auf Glanz,
Mal strahlt er hell, mal tief verschlingt.

Es liebt den Sturm, es liebt das Licht,
Es kennt den Schmerz, den sanften Schein,
Was auch geschieht, es endet nicht,
Es ist ein Kreis -und immer dein.

„Vom Werden und Sein"

Im Werden liegt das ganze Sein, im Wandel fließt
das All hinein,
Kein Stein, der bleibt, kein Tag der weilt,
Das Leben ist`s, was uns stets enteilt.
Im Werden liegt die Welt bereit.
Im steten Wandel ruht die Kraft.
Kein Sein, das ohne Streben bleibt,
Kein Werden, das den Stillstand schafft.
Was jetzt ist, ist schon bald verflogen.
Was wird ist nur ein Augenblick, doch stets
Im Fluss, wo Zeit verfliesst, steht unser Dasein fest
im Blick.

„Die Zukunft"

Im Nebel liegt die Zukunft still,
Verhüllt von Schleiern, unbenannt.
Wir ahnen was die Zeit enthüllt, doch
Halten können wir sie nie in der Hand.
Im Aufbruch ruht ein keimend Hoffen,
Im Morgen liegt des Lebens Sinn, denn wer
In die Ferne mutig schaut, dem öffnet sich ein Tor
darin

Zur Umwelt „die flüsternde Erde"

Die Bäume rauschen sanft im Wind,
Die Vögel singen klar
Doch hört der Mensch, Nein taub und blind
Fragt er :"Was war?" „Was war?"

Die Umwelt spricht in sanften Tönen, sie
Rauscht im Wind, im Wellenklang.
Doch oft, wenn wir nicht auf Sie hören,
Verstummt der Alte Erden- Sang.
Der Baum, er steht verwurzelt fest. Er trägt
Die Jahre still im Blatt. Und Wir? Wir wandern,
Doch vergessen, das jeder Schritt die Erde matt

„Nestwärme", ein Familiengedicht

Die Familie, wie ein stiller Baum,
Verzweigt sich tief, und hält den Raum
Und selbst wenn Sturm die Äste biegt,
Der Stamm er steht, und Liebe wiegt.
Die Familie-ein zartes Netz, gewoben aus der Liebe
Fäden, Sie trägt uns, wenn die Welt zerbricht, und
schützt uns vor des Lebens Läden
Es gibt uns Halt in jeder Stunde, ein Heim das wir
mit Herzen bauen. Im Schmerz, im Glück
Im tiefen Grunde, ist Sie der Anker unseres Trauns.

„Mutter Erde“

Der Erde Rücken, breit und stark,
trägt uns jeher ohne Klage.
Doch wenn der Mensch sie müde quält
Dann weint sie Stille und bald voll Zage.
Die Erde- unser stiller Raum,ein großer Garten reich
und weit.
Doch wo der Mensch in seinem Traum,vergisst er
oft die Ewigkeit.
Wir graben tief in ihren Schoß, wir nehmen ,doch
wir geben nicht. Was einst so grün und üppig war,
verblasst im trüben Weltenlicht.

Über die Sterne, „Sternensaat“

Die Sterne glühñ am Himmelszelt
Und oft fragt man sich:
„Wo ist die Welt?“
In jenen Lichtern liegt verborgen,
Was uns schon seit morgen, ist gestern das Heute,
auch schon morgen gewesen.

Über Philosophie „Gedankenspiel"

Was ist das Denken, was das Sein?
Wo liegt der Sinn, wo bleibt das Ziel
Der Geist er wandelt stets allein, im stillen tie-fen
wilden Spiel der Seelen.
Was ist das Denken, was das Streben?
Was formt den Geist, was gibt ihm Raum?
Die Fragen, die das Leben geben, sind oft der Weis-
heit stiller Traum.
Die Philosophie, sie gräbt nach Grund. Sie sucht
Den Kern der uns bewegt. Doch jede Antwort
Bleibt im Rund, denn was wir finden sich nur regt.

Die Liebe „Verwobenes Band"

Die Liebe ist ein Seidenfaden, zerbrechlich
Und doch stark zugleich.
Sie bindet Herzen ohne Schaden, und macht aus
Grau das Leben reich.
Die Liebe ist ein sanftes Licht. Ein Strahl der
Durch das Dunkel bricht. Sie ist so zart und doch so
stark, und verbindet Herz an Herz im Takt.
Man hält Sie fest, man lässt sie frei, doch bleibt Sie
stets ein Teil im Sein. Kein Wort beschreibt ihr tie-
fes Glühn. Doch jeder spürt`s im stillen Fühlen.

Über Die Freiheit,"Flügel im Wind"

Die Freiheit ist ein zarter Vogel,
Sie fliegt nicht hoch und bleibt nicht gern,
Doch wer Sie hält, hält ohne Zügel,
Dem ist der Himmel nah, das Herz nicht fern.
Die Freiheit lebt im tiefen Streben, im Wunsch sich
selbst zu kennen, klar. Doch wer die Frei-heit in sich
trägt, den führt sie weiter wunder-bar.

„Der Stille Begleiter"

Der Tod er kommt leise, ohne Klagen
Er sitzt und wartet, nie zu eilen
Nur wer ihn fürchtet wird verzagen,
Denn wer mit ihm spricht, wird heilend weilen.
Der Tod, er kommt auf leisen Sohlen, ein Gast,
Der immer eingeladen. Wir fürchten Ihn, doch
Letztlich wohl, ist er ein Freund in schweren Tagen.
Er nimmt was uns so wertvoll schien.
Und gibt uns doch den Frieden tief, denn wer im
Tod das Leben sieht, der findet Trost im letzten
Lied.

„Vom Glauben" „Im Innern leuchtet`s"

Der Glaube ist wie Stille Kerzen, die brennen hell in
dunkler Nacht, Sie wärmen tief im kal-ten Herzen,
und gibt uns Trost in schwerer Pracht.
Der Glaube ist ein stiller Fluss, er fließt wohin das
Herz ihn treibt. Mal stark, mal sanft, mal
Unbewusst. Doch immer bleibt er, bleibt. Man
Hält ihn fest, man lässt ihn los, man kämpft mit
Zweifeln, bricht die Zeit. Doch tief im Innern bleibt er
groß und führt uns still durchs Dunkel weit.

Die Hoffnung, „Der goldene Schein"

Die Hoffnung ist ein kleiner Funken.
Der flackert in des Sturms Gewalt.
Doch wer Ihn hütet, der wird finden,
Das auch das Dunkel freundlich wallt.

Selbst wenn der Sturm uns niederbricht, und alle
Pfade finster scheinen. Bleibt Hoffnung doch das
letzte Licht. Das leise glüht in unseren Seinen.

Die Hoffnung bleibt ein kleines Licht, das uns durch
das Dunkel weist, es flackert manchmal,
Doch es löscht sich nicht, es führt uns durch des
Lebens Geist, wo ein Funke uns den Weg dann
weist.

Vom Kriege" Eiserne Winde"

Der Krieg zieht auf, und mit ihm eis`ger Wind,
zerstört das, was wir uns aufgebaut und im -Frieden
stand. Doch nach dem Sturm, wenn nichts mehr
klingt, da reicht sich wieder Hand zu Hand,
dem Frieden entgegen.

Ein Gedicht über Gerechtigkeit „Die Waage"

Gerechtigkeit ist wie ein Traum,
Man hofft auf Sie und strebt empor
Doch oft verbirgt Sie ihren Raum
Und zeigt sich nur in selt`nem Chor.

„Die Arbeit"

Die Arbeit, unser treuer Freund,
Sie schuften still und ohne -End.
Man baut und schafft, man müht sich ein
Im Grossen wie im Kleinen fein.
Doch Arbeit ist nicht nur die Last, die uns im All-
tagswesen fast. Sie gibt uns Sinn, sie gibt uns
Raum, und führt uns still zu unserem Traum.

Vom Frieden" Leiser Wind"

Der Frieden weht wie lauer Wind,
Er küsst das Land und Mensch und Tier
Doch erst wenn jedes Herz beginnt zu lauschen
Herrscht Frieden ewig hier.
Der Frieden sanft wie Morgenlicht, er wärmt die
Seele, leuchtet sacht.
Doch selten zeigt er uns sein Angesicht. Oft wird er
erst durch Leid gebracht. Der Mensch er strebt nach
seiner Ruh, doch findet er sie selten klar. Denn Frie-
den liegt nicht nur im Tun, Er blüht im miteinander-
wahr.

Vom Verlieren, von Verlust,
„Schatten in der Ferne"

Ein Verlust ist wie ein ferner Stern.
Er funkelt kurz, dann wird er bleich.
Doch bleibt die Sehnsucht, weit und fern.
Denn was verging, das schmerzt uns gleich tief.

Zum Thema Wahrheit
„Splitter"

Die Wahrheit ist ein klares Glas, doch wer es hält,
sieht oft falsch.
Denn zu oft zerbricht es, hart und nass.
In tausend Splitter scharf und kalt.

„Stilles Wandern"

Das Alter kommt auf leisen Sohlen,
Es schleicht heran und lacht dazu.
Doch wer ihm lächelnd folgt, dem wohlen
Erhält die Weisheit und im Herzen Ruh.

„Über Kunst"

lässt sich trefflich streiten
Drum hier nur ein paar Zeilen

„Bilder im Wind"

Die Kunst sie malt eines jeden bunten Traum,
Den keiner so genau versteht außer der den es
angeht. Doch wer ihr folgt, dem schwillt der Raum,
der ihn ins Zauberland verweht.

„Das ewige Grün" ein Naturgedicht

Die Natur, sie wächst in stiller Pracht.
Vom Moos bedeckt, vom Licht bedacht.
Und selbst in Schnee und kalter Nacht,
Erblüht sie Neu, mit sanfter Macht.

Der Mensch und das Universum"

Wir Menschen sind nur Staub im Raum.
Vergänglich klein, doch voller Traum
Im Sternenmeer soweit und klar,
Wir ahnen nur was einst mal war.

Über Moral die gold`ne Regel

Die Moral ist wie ein Spiegelbild,
Was man hineinruft, hallt zurück
Und wer sich stets mit Güte füllt
Dem kehrt es wieder Stück für Stück.

Die Erinnerung-„Vergangenes Licht"

Die Erinnerung glimmt hell und fein.
Ein Bild, das schwebt in stillem Schein,
Doch was vergangen kehrt nicht mehr
Lebt nur in Herzen, manchmal leicht und manchmal
schwer.

Von Verantwortung „Des Menschen Last"

**Die Verantwortung schwer und weit, trägt jeder
Mensch in seiner Zeit.
Doch wer sie teilt und gut versteht, der spürt wie
leicht der Weg sich dreht.**

„Stärke"

**Wer zu lange eine Lüge lebt
Wird nie fähig sein, sein Leben so zu Leben
Wie er eigentlich wollte.
Also sei Ehrlich und lebe die Wahrheit, denn sie
macht dich Stark.**

„Lebenshilfe"

**Es vergeht kein Tag ohne Freude und Hoffnung.
Ohne Traurigkeit und Leid, und doch er vergeht.
Drum lerne der zu sein der du sein willst, und du
wirst nie vergehen, sondern jeden Tag Neu erleben.**

„Poesie“

Poesie ist wenn die Seele ausspricht was das Herz
nicht sagen kann!
Poesie sind die Worte der Unschuld,
Auch für Schuldige!
Poesie ist die Zauberformel zur Sprache des Ver-
liebt seins!
Poesie ist ein Geschenk, zur Freude an sich!

„Sprache der Seelen“

Etwas Wissen ohne Beweise
Etwas fühlen ohne Berührung
Reden Taten folgen lassen,
Um Gewissheit zu erlangen
Ohne Augen sehen
Ohne Ohren verstehen
Kennst du das schon das nennt sich Sprache der
Seelen, Intuition!

„Das große Fressen"

Die Erfahrung frisst die Sehnsucht auf
Der Alltag frisst die Liebe auf, das Geld frisst die
Moral auf.
Die Politik frisst die Menschen auf, die Menschen
fressen die Erde auf
Und alle Hungern nach Liebe!

„Eindeutig-Zweideutig

Der Mensch   ist nicht gleich Selbstverwaltung
Demokratie   heißt noch lange nicht Freiheit
Recht   Bedeutet nicht immer Gerechtigkeit
Medizin   heißt nicht immer Heilung
Religion   bedeutet nicht nur Lebenssinn
Politik ist nie Vernunft und selten Meinungsfreiheit
Doch Zukunft und Liebe steht auch nicht nur
für Illusion und Ausweglosigkeit,
sondern stets auch für Freiheit und Leben, und das
Streben nach Glück.

„Spiegelblick“

Die Welt ist eine große Seele
Und jede Seele eine Welt.
Das Auge ist der lichte Spiegel
Der beide Bilderwelten vereinigt hält
Und wie sich Dir in jedem Auge ein eigenes Bild ent-
gegenstellt,
So sucht auch jede Seele, sein eigenes Ich in dieser
Welt!

„Ein Mensch“

Abschied nehmen ist ein bisschen wie sterben.
Ich habe schon so viele Abschiede hinter mir,
Das ich nicht gemerkt habe wie ich gestorben bin.
Jetzt wo ich tot bin, und Alle von mir Abschied neh-
men, merken Sie vielleicht, das da doch jemand
war, zwar leer gelebt.
Aber immerhin ein Jemand-Ein Mensch!

„Narr“

Ich halte einen Becher voller Träume in der Hand,
und habe vergessen Sie zu Leben.
Ich halte einen Becher in der Hand, und vergesse
das Leben.
Ich halte meine Träume in einem Becher!
Ich halte den Becher!
Ich träume-ich Lebe!

„Mit geschlossenen Augen“, ein Liebesgedicht

Dort wo meine Hände sanfte Kreise ziehen,
Entsteht ein Bild von Dir
Dort wo Kontur ganz leicht verwischt,
Malt Liebe dein Gesicht
Warmes braun umschweift, umschmeichelt
Deine lange Lebenslinien und spricht zu mir
Modellieren und zeichnen Dich
Berauschen Sich an deinem ruhigen Atem
An geschlossenem Augenlichterglanz, wenn
Über uns der Mondschein tanzt.

Zeitbilder-Bilderzeit, Zeit im Bild-Bild der Zeit

Stundenlicht und Farben, gepaart mit der
Erinnerung, entspringt ein Flug von dunkler Sage
im Niemandsland der Seele und wartet auf
Verschlimmerung.
Die Zukunft liegt verborgen, hinter uns Vergangen-
heit, im Jetzt und Hier erlebte Sorgen, doch hält der
Morgen Freud bereit?
Leuchtend warme Farben, brechen sich im Licht
Regenbogen basteln, modellieren, pinseln
Schabend sehe ich in der Seele tief unten undeut-
lich ein Gesicht.
Ist es wohl Dein Antlitz, das die Zukunft mir so malt,
oder ist es Wunschtraum, oder Wahnwitz

Bin ich des Vorstands beraubt, wenn dein Lächeln
mich anstrahlt.
Doch mal ich immer weite, mit Farbe, Licht, und Zeit
Mal traurig und mal Heiter, viele Bilder, jeder Zeit.
Alle Bilder aus der Zeit, jedes Bild mir zum Geleit
Zeitbilder, Bilderzeit, Zeit im Bild -Bild der Zeit.

„ Eine besondere Wahrheit"

Du darfst Deine Träume nicht entlassen,
Denn Du schuldest Ihnen dein Leben.
In jedem Leben kommt der Moment, wo du den
Traum, den Du geträumt hast, das Leben wird
Was du lebst!

„Von Demokratie und Freiheit"

Höre nie darauf, wenn Dir einer sagt was wir alles
haben.
Erkenne was man uns genommen hat, denn das ist
es worauf es wirklich ankommt.

„Eine Schale Wasser"

Ich trage eine Schale Wasser in der Hand
Stelle dir vor es wäre mein Leben, wie ruhig
Muss meine Hand sein, und mein Leben, damit kein
Tropfen verschüttet sei, der mich dem Tode
näherbringt.
Ich trage eine Schale Wasser in der Hand, stell dir
vor, ich gäbe sie dem dürstenden Kinde in der
Wüste. Wie glücklich seine Augen plötzlich sind,
voller Leben, und wenn Sie nun zu Boden fällt, weil
das Kind sie nicht halten kann, was ist dann?
Halte Schale und Kinder immer fest, denn sie sind
Dein Leben!

„Westwind"

Der Westwind zieht aus feinem Land. Trägt leise
Wellen über`s Meer.
Im Abendgold, am Weltenrand, verblasst das
Licht, der Tag wird schwer.
Die Sonne sinkt ins weite Blau, verliert sich still im
roten Glanz, ein letztes Mal, der Himmel grau, be-
ginnt der Westwind seinen Tanz.
Er haucht ins Laub, das letzte Lied.
Ein Flüstern von vergangener Zeit,
Er streift den Weg, den niemand sieht,
Wo alte Träume weh´n im Kleid´.

Und wenn der letzte Strahl verweht, der Schatten
sanft die Welt umspannt,
Dann weiß der Wind wohin er geht,
Er Führt uns fort, ins Stille Land.
Der Westwind trägt den Abschied fort,
Ein Gruß vom Leben, sacht verweht,
Ein ferner Ruf, ein leiser Ort,
Wo alles endet, alles geht.

„Hochmut"

Seht euch um mit offnen Augen
Nehmt zu Hilfe Euer Herz
Denn wo Seele sind auch Funken
Doch wo Hochmut ist kein Herz
Herrscht nur Gott vergessener Seelenschmerz
Und ist das Leben dann Fassade
Kennt ihr eure Seele nicht, ist es um den Menschen
schade, denn wahre Liebe kennt er nicht.

„ Gesucht"

Ein frisches Herz mit jungem Leben
Gefühle, um die wahre Liebe zu erleben.
Reife, die vom Alter kommen müsste,
Und die Jugendliebe, die ich küsste.

„Die Arbeit"

Die Arbeit, unser treuer Freund,
Sie schuften still und ohne -End.
Man baut und schafft, man müht sich ein
Im Grossen wie im Kleinen fein.
Doch Arbeit ist nicht nur die Last,
die uns im Alltagswesen fast. Sie gibt uns Sinn, sie gibt
uns Raum, und führt uns still zu unserem Traum.

Vom Frieden" Leiser Wind"

Der Frieden weht wie lauer Wind,
Er küsst das Land und Mensch und Tier
Doch erst wenn jedes Herz beginnt zu
lauschen
Herrscht Frieden ewig hier.
Der Frieden sanft wie Morgenlicht, er wärmt die Seele,
leuchtet sacht.
Doch selten zeigt er uns sein Angesicht.
Oft wird er erst durch Leid gebracht. Der Mensch er
strebt nach seiner Ruh,
doch findet er sie selten klar. Denn Frieden liegt nicht
nur im Tun,
er blüht im miteinander-wahr.

Vom Verlieren, von Verlust, „Schatten in der Ferne"

Ein Verlust ist wie ein ferner Stern.
Er funkelt kurz, dann wird er bleich.
Doch bleibt die Sehhnsucht, weit und fern.
Denn was verging, das schmerzt uns gleich tief.

„Eine Pfütze aus Hoffnung"

Auferstanden aus einer Pfütze aus Hoffnung
Ertrunken in einem Meer aus Tränen
Fortgeschwemmt und gestorben in einem Flug aus
Traurigkeit.
Um wieder Aufzuerstehen aus einer Pfütze aus Hoff-
nung, so ist die Liebe!

„Es lehrt die Zeit"

Die Uhr sie geht
Die Schüler sitzen
Der Lehrer steht
Am Lehrerpult
Ist selber Schuld
Die Uhr sie steht
Der Lehrer geht
Das Pult es bleibt
Es lehrt die Zeit

„Wahrhaftig"

**Die Liebe lebt
Die Uhr sie geht
Das Wetter bleibt
Der Mensch hat Zeit
Der Mensch geht tot
Das Wetter bleibt
Die Uhr sie geht
Die Zeit, die heilt.**

„Der Wert der Stille"

**In lautem Treiben, vollem Klang, vergessen wir
Der Stille Gang. Und doch in Ihr liegt tief verborgen,
des Lebens Sinn, die Kraft für morgen.
Wer still verweilt und ruhig schaut. Dem wird ein tiefer
Frieden traut. Denn aus der Stille wächst die Klarheit.
Die uns ins Dasein sanft geleitet.**

Kalte Zeiten

Hochmut, Egoismus, Sturheit und Eigensinn
Liegen auf der Stasse des Lebens,
für alle greifbar.
Zuviel davon lässt „Kalte Zeiten" anbrechen
In den Herzen der Menschen, und führt uns auf`s
Glatteis

„Drei Sterne"

Es leuchten dir drei Sterne
Sie leuchten hell, doch aus der Ferne matt
Und sind ganz froher Dinge
Sie lachen, singen, wachen
Über dich die ganze Nacht
Drei Sterne wie Drei Engel

„Der Abendstern“

Die Sonne senkt sich nieder, der Abendstern geht auf.
Der Abend beginnt wieder, in seiner Stille Lauf.
Dem Tageslärm entflohen, ruhen unsre Glieder und
Der Abendstern dort droben, bringt uns unsre Träume
wieder. Wir ruhen sanft und sind
vermummt,-Verstummt-sind wir wie Götter
Der Abendstern nimmt seinen Lauf
Und nimmt uns träumend in sich auf

„Schachmatt“

Der Träumer fragt: Was ist Illusion-was ist Real?
Alles verschwinde im seichten Nebel unendlichen
Gefühls!
Der Realist fragt: wo ist der Anfang-wo das Ende?
Spielt die Phantasie uns einen Streich, sind wir nur ge-
träumt?
Oder Schachfiguren auf dem Spiel der Welt?
Der Spieler sagt: kommt wir spielen immer weiter in
dem Spiel
Auf Zeit, dem Ziel entgegen, dem Schachmatt des
Lebens, dem
Ende der Partie, denn es gibt stets nur Remis.

„Tautropfen"

Wir Träumen voneinander
Und sind davon erwacht
Wir Leben um zu Lieben
Versinken in der Nacht

So war es wie im Traum
Aus deinem Ich trat ich hervor
Wir würden zusammen sterben
Wenn der Eine sich im anderen Ich verlor

Jetzt sitzen zwei Tautropfen auf einem Lilienrand
Man hört ihre Herzen klopfen
Zerfließen in des Blumenkelchesgrund
Und sind doch eins und lieb und rund
Zwei Tropfen wie Du und Ich

„Lebensangst"

So viel und immer noch zu wenig
In mir soviel Du, viel zu wenig Ich
Viel zu viel Gefühl, erschlagen vom Verstand
Viel zu wenig Mut, über die Mauer zuschauen
Drüber zu klettern und zu Leben

„Trennungsopfer"

Gedankenverlorenes, Du bleibst mein „
-Mit welchem Recht-
Gedankenverlorenes, Bin allein „
-Vielleicht zu Recht-
Gedankenverlorenes, Kind Daheim „
-Das ist Schlecht-

„ Die Hoffnung stirbt zuletzt

Vergangene Schatten, wollen sich verstecken
Huschen wie Ratten in dunklen Ecken
Spielen verstecken, mit meinem Gemüt
Seele verdorrt, statt erblüht

Wie lauernde Augen, mit einem teuflischen Leuchten
Bringen der Seele, desillusionierende, kaputt ma-
chende
Seuchen, verderbendes Etwas, Seele verdorrt statt
Erblüht

Dem traurigen etwas durch verdrängen Fallen gestellt,
und aus der Erinnerung an gute Zeiten heraus
Erwartungen
Gewählt die zu hoch waren,
Bizarre Antworten erhalten und bin verstummt, im
Innern
Bis zur Unendlichkeit vermummt
Seele verdorrt statt erblüht.

Zerstörte Landschaft aus kaputten Gefühlen,
macht Bekanntschaft mit düsteren Schüben
wohin treibt totes Herzholz
Wohin fließt dämlicher stolz, was bleibt im Gemüht
Seele verdorrt statt erblüht

Rosen die nicht duften
Verderbendes Rot in dunklen Seelengruften
Gleiten zum Tod, wenn die Hoffnung verglüht
Seele verdorrt statt erblüht

Augenblick

Zärtlichkeit in Augen, mit den Augen streicheln
Sanftheitsvoller Blick, zärtlich sanfter Augenblick
Voll Glück

In Trubel und in Hektik, Träume, Lebe , geniesse jeden
Augenblick
Und im Augenblick fühlst du dich wie im Tram verrückt
Blicke voller sanfter Zärtlichkeit
Berührungen und Perlenaugen Lichterglanz
Voller Liebe und Substanz, voll von liebevoller
Wildheit
Liebe –voll verrückt-
Ist nie Normal, in diesem einen kurzen Augenblick
Voll Glück

Kinderherzen

Ein Kinderherz denkt nicht an Liebe
Es verschenkt Sie mit seinem Lachen
Und in diesem Augenblick
Bist du jedem Sachverhalt entrückt
Doch siehst du nicht das Kinderlachen,
kennst du keine Dinge die dir wirklich Freude machen

Fragwürdiges

Wenn Dummheit, Gewalt und Hässlichkeit immer
Gewinnen
Bleibt einem nur übrig
Auf Klugheit zu setzen, Frieden zu verbreiten
Und auf das schöne zu hoffn
Doch...
Wenn der Klügere stets nachgibt
Wird der Dümmere gewinnen
Wenn der Friedliche nie kämpft, hat der Gewaltmensch
einen leichten Sieg errungen
Und wenn Schönheit nur eine Hoffnung bleibt
Ist Hässlichkeit die Realität

Leere Lehren
Man lehrt uns zu denken, aber nicht zu fühlen
Man lehrt uns zu rechnen, aber nicht zu verschenken
Man lehrt uns zu kämpfen, aber nicht zu spielen
Man lehrt uns zu reden-sinnlos-aber nicht zu
Schweigen
Man leert uns, auch wenn wir uns nicht lehren
lassen, uns nicht leeren zu lassen

Erkenntnis

Da lieg ich hier im hohen Gras, träume von ich weiß
nicht was
Betrachte weiße Wolken stundenlang, die am
Firmament vorüberziehen
Suche nach der Wärme und der Zärtlichkeit
Nach Geborgenheit und Frieden
Und erkenne das meine Träume mit den weißen
Wolken fliegen
Die ich irgendwann verloren hab

Politische Frisur

Früher gabs mal eine Grenze, wie weit man sich das
Haar frisiert
Man hats gepudert und geschmiert
Auf das es stattlich glänze
So das das denken sich auf die Stirn begrenze

Heut trägt man „einfach" wohl das Haar, nicht wie
anno dazumal
Dafür wird jetzt das Gehirn frisiert
Geradezu meisterlich dressiert

Auf dem Kopf war die Frisur, ist das heut nicht mehr
passabel, ist wohl gegen die Natur
Alles nur politische Parabel

So ist jetzt im Gehirn der Zopf, als wohl die Zopffrisur
wohl auf dem Kopf
So ist es um den Menschen Schade
Um sein politisches Gehirn mit Puder und Pomade

Lebensangst

So viel, und immer noch zu wenig
In Mir so viel „Du
Viel zu wenig „ICH"
Viel zu viel Gefühl, erschlagen vom Verstand
Viel zu wenig Mut um über die Mauern zu schauen
Drüber zu klettern und zu „LEBEN"

Menschen

Scheiben klirren und ihr schreit
Menschen sterben und ihr schweigt

Jeder Lenz bringt eine Rose
Jeder tag bringt neues Licht

In der Welt kehrt alles wieder, nur die unsere, schöne
Jugend nicht
Wenn einstnach langen Jahren, mein Name wird
Genannt, dann sage jenen hab ich auch gekannt

Wen Kinder träumen

Wenn Kinder träumen, und mit den anderen spielen
Auch noch mit den ihnen Lachen können,
wenn mal ein anderer gewinnt

Wenn Kinder träumen, und Sandburgen bauen
Nicht neidvoll auf andere Kinder schauen
Wenn sie spielen, sich gegenseitig trauen

Wenn Kinder träumen und nicht merken wie ihnen der
Sand in den Händen zerrinnt
dann sind Kinder wirklich noch Kind

Tatsache

Es gibt Menschen die wollen über zerstörte brücken
laufen
Und wundern sich dann, wenn sie in der Luft hängen,
ihre Hände ins Leere fassen und sie ins Nichts fallen

Der Vers

Er formt sich still im Herzen
Und will nach außen dringen
Ein kleiner Vers in mir
Er will-doch nur im Stillen-
Singen
Sich mir enthüllen, Frei und ohne Zier

Er soll mit aller Schönheit sagen, was sich in mir
bewegt
Wills dann durch alle Herzen tragen
Das Gefühl das sich dann regt